AF312815

LA NÉCESSITÉ

DES

BILLETS DE CONFESSION

POUR LE VIATIQUE,

DÉTRUITE SANS RESSOURCE

DANS UNE RÉPONSE A LA CONSULTATION DE QUARANTE
DOCTEURS DE PARIS.

OU RÉFLÉXIONS, &c.

RÉFLEXIONS

SUR LA

CONSULTATION

DONNÉE SOUS LE NOM DE QUARANTE DOCTEURS

DE PARIS,

QU'ON DIT ESTRE DÉLIBÉRÉE LE 15 MARS 1753.
Imprimée sans signature & sans lieu d'impression. in-4°. en 21 pages.

EN FRANCE.

M. DCC. LIII.

RÉFLEXIONS

SUR LA

CONSULTATION

DONNÉE SOUS LE NOM DE QUARANTE DOCTEURS

DE PARIS,

QU'ON dit être délibérée le 15 Mars 1753. Imprimée sans signature & sans lieu d'impression. in-4°. en 21 pages.

IL n'est guéres possible de se persuader que quarante Docteurs de Paris ayent signé la Consultation sur les Billets de Confession que l'on ose donner au public sous leur nom.

Quel que soit le déchet de cet Ecole autrefois si célébre, depuis le double retranchement que la violence & la séduction ont fait de ses Membres les plus illustres, tant dans le Corps de Théologie que dans celui de la Faculté des Arts au mépris de toutes les Loix : il en reste encore assez qui conservent un fond de lumiere naturelle, de droiture, d'équité, d'amour de leur propre réputation, pour ne pas croire que quarante d'entre eux, eussent voulu ou voulussent avouer publiquement, une Piéce si déraisonnable au fond, si mal digérée dans la forme, & si contraire aux principes les plus connus de la Théologie.

Aussi ne voit-on pas qu'elle soit souscrite par aucun d'eux. Il est inoui qu'on présente à toute la Terre par l'impression un Jugement sans Juges, une Consultation sans Consultans. Si l'on a prétendu en imposer par le nombre de citations dont on l'a chargée, on s'est étrangement abusé, en fait de citations, c'est la justesse qui fait impression. *Ponderantur, non numerantur.*

Comme la Consultation des prétendus quarante Docteurs n'est guéres qu'une vieille Piéce, qu'un Anonyme envoya il y a quelques années à un grand Magistrat, qui la communiqua à plusieurs Théologiens : je ne puis mieux prouver ce que j'avance, qu'en donnant un Extrait Sommaire du Jugement que ces Théologiens en porterent alors, & que ce Magistrat ne désapprouva pas.

S'il se trouve quelques citations nouvelles dans la Consultation qu'on attribue aux quarante. On verra par la ressemblance qu'elles ont avec les anciennes qu'elles ne méritent pas qu'on en fasse plus de cas, & que toutes ensembles ne touchent pas même la question que des hommes judicieux devroient avoir en vue.

Il s'agit de sçavoir s'il y a une Loi de l'Eglise qui ordonne aux Fidéles de quelque état & condition qu'ils soient, de présenter à la mort un Billet de Confession pour être en droit de recevoir le Viatique, & qui autorise un Curé à refuser ce secours à quiconque ne le présente pas, quelque raison qu'il puisse avoir de n'en pas présenter, & quelque réglée & édifiante que soit d'ailleurs sa conduite.

Les Docteurs n'alléguent aucune Loi

A 2

qu'on puiffe regarder comme de l'Eglife, fi ce n'eft le célébre Canon *Omnis utriufque fexus* du Concile de Latran en 1215.

Ils ne s'appuyent que de quelques Conciles particuliers, de Statuts Synodaux, de Rituels.

Les Conciles particuliers, les Statuts Synodaux, les Rituels, ne peuvent faire Loi que pour les Diocèfes où ils font en vigueur; & encore combien de conditions ne faut-il pas pour leur donner cette force?

Le Canon *Omnis utriufque fexus* ne dit pas un mot des Billets de Confeffion. Comment en établiroit-il la néceffité, & mettroit-il en droit les Curés de les exiger des Mourans pour communier en Viatique?

D'ailleurs, le très-grand nombre de Conciles particuliers, Statuts Synodaux, & Rituels cités dans la décifion des Docteurs, ne regarde que le tems Pafcal & la Confeffion annuelle ordonnée par le Concile de Latran qu'ils rappellent & répétent fouvent mot à mot fans parler de Malades ou de Billets non plus que le célébre Canon.

Les Conciles & les Statuts Synodaux qui en parlent n'en font pas une Loi pour les Malades, c'eft aux Confeffeurs qu'ils enjoignent de préfenter ce Billet aux Curés ou aux Médecins qui vifitent les Malades; ce qu'on voit bien ne pouvoir faire une régle de rigueur fans exception, à moins qu'on ne prétende refufer les fecours corporels les plus néceffaires aux Malades en danger de mort qui ne fe feroient pas confeffés, contre tout fentiment d'humanité, & malgré l'ufage établi à la vue & au confentement général de tout l'Univers dans nos Hôpitaux d'y recevoir & traiter jufqu'à la mort les Malades de toute Religion fans en excepter, non-feulement les Hérétiques, Calviniftes, Luthériens, Anabaptiftes qui ne fe confeffent pas; mais les Juifs & les Mahométans qui ne connoiffent pas Jefus-Chrift. Il faut donc retrancher du nombre des Conciles qui ayent quelque

application à la Queftion préfente; celui d'Arles en 1275, qu'on regarde comme le plus ancien de ceux qui ont parlé du Billet de Confeffion: il faut retrancher les Conciles de Milan 1576, 1580, Rimini, Girone, Vicence, Toulouze, &c. Ce dernier même qui eft de 1590, dit expreffément que préfenter le Billet fera l'affaire du Confeffeur qui aura entendu la Confeffion; *Confeffariorum hoc munus erit.* Si les Confeffeurs ne rempliffent pas ce devoir, les Malades feront-ils coupables, & affez coupables pour être privés de l'Euchariftie à la mort? Les punira-t'on d'une peine fi griéve parce que leurs Confeffeurs n'auront pas fait ce qui leur aura été ordonné?

Si quelques-uns de ces Canons, Statuts, Rituels, veulent que les Billets de Confeffion foient préfentés par ceux qui fe font confeffé, ce n'eft que dans certains cas particuliers, où les Curés ont de juftes raifons de craindre que les Malades ne fe foient pas confeffé. *Si de eorum Confeffione probabilis eft dubitatio* dit le Concile de Cologne en 1549. *Cum parochus juftam de aliquo fufpicandi caufam habebit, verè ne fit Confeffus.* Concile de Breffe 1574. C'eft enfin par rapport à ceux qui mépriferoient la Confeffion dont ils ont befoin pour ne pas faire une Communion indigne, *ne contempto Conf. fionis remedio homines Euchariftiam percepturi periculum fibi quod Apoftolus indignis comminatur accerfant.* Concile Mayence. 1549. cap. 28.

On trouve même de ces Conciles, Statuts, Rituels, qui bien loin d'exiger que les Pénitens ou leurs Confeffeurs préfentent des Billets qui certifient de leur Confeffion, leur laiffent la liberté d'en affurer les Curés par toute autre voye, *Parochiani Paftori fuo per litteras fuorum Confeffariorum* VEL ALIO MOLO *fidem facere teneantur.* Conc. de Gnefne en 1629.

A Nifmes felon les Statuts de 1284, la déclaration de Confeffion entendue par des Réguliers

Réguliers peut n'être que verbale, DICANT *vel in scriptis reddant*. Le Concile d'Excester de la même année n'en demande pas d'avantage du Prêtre étranger, *fidem faciat*, sans dire si c'est par écrit ou de vive voix. Le Concile de Nicosie suppose seulement qu'on ait des preuves que celui qui veut recevoir l'Euchariftie se soit confessé ; *nisi constiterit quod Confessus fuerit* : celui de Sarragosse en 1498, *nisi qui se Confessum docuerit*, qui dit des preuves & des enseignemens d'une Confession faite, ne dit pas un Billet ; car on n'imaginera pas que le Billet soit le seul moyen d'assurer ou de prouver que la Confession a été faite, quelque nécessaire qu'on puisse la supposer.

Les Statuts Synodaux de Langres en 1679. Ceux de Cahors de 1685, se contentent que les Confesseurs des Malades ayent averti le Curé. Ceux de Sens par M. de la Hoguette en 1692, exhortent plutôt qu'ils ne commandent de présenter un Billet, & ils veulent que les Curés n'usent que rarement de cette précaution, mais toujours avec charité pour l'utilité des Fidéles sans prévention contre eux, & pour éviter le scandale qui naîtroit de l'administration de l'Euchariftie. Est-on scandalisé de voir communier à la mort sans Billet de Confession un homme que la régularité de sa conduite met en possession de le faire de tems en tems pendant l'année, & qui l'a fait en santé quelquefois peu de jours même avant sa maladie ? Au contraire ne l'est-on pas si on se refuse au mouvement de sa piété ? Ce seroit donc non pas vouloir éviter le scandale, mais le causer contre la disposition formelle des Statuts de M. de la Hoguette, que de refuser les Sacremens à un tel homme à la mort, & consulter moins les régles que prescrit la piété & la charité que ses préventions particulières.

Les Conciles d'Espagne, de Portugal, d'Italie, qui demandent des Billets de Communion, ou qui exigent que les Billets de Confession soient déposés entre les mains des Inquisiteurs pour être donnés aux Curés au tems Pascal, établissent une Discipline si peu conforme à nos mœurs de France, que les Anonymes prétendus Docteurs qui se déclarent en faveur de la décision, n'osent pas y insister. Ils ne voudroient pas qu'on ne communiât que ceux qui présentent des Billets imprimés de Confession & même d'Absolution reçue, que ces Billets eussent passé par les Tribunaux Eccléfiastiques avant que de parvenir entre les mains des Curés à Pâques, ou que les Curés fussent obligés d'en tenir Regiftre comme la plûpart de ces Conciles le prescrivent. Ils sentent l'inutilité de ces gênantes & serviles précautions *qui n'empéchent pas*, disent-ils, *bien des abus & des friponneries*, ce sont leurs termes, & c'est ce qui leur fait dire qu'on *n'est pas tout-à-fait si rigide en France & en Allemagne*, & en cela ils ont raison.

C'est donc en pure perte que les Docteurs Anonymes se sont donné la peine de rassembler cette multitude étonnante de Textes dont ils ont voulu étayer pour ne pas dire embarrasser leur Confultation. Ils devoient au moins en présenter quelques-uns qui donnassent aux autres par leur clarté & leur précision le dégré de force dont tous avoient besoin pour trouver place dans une décision réfléchie & judicieuse. Est-il supportable que dans ce grand nombre il n'y ait pas une citation qui ait un rapport direct à la Question qu'ils doivent traiter ? Les Observations faites sur la plûpart, & toutes celles qu'on fera plus bas en répondant à leurs décisions en font la preuve. Mais pour en être convaincu sans qu'il soit besoin de plus de discussion, il ne faut que faire attention au précis qu'ils donnent eux-mêmes des raisons qui les déterminent à conclurre que les Curés sont en droit de demander des Billets de Confession aux Mourans, & les Mourans tenus de les donner fous peine d'être privés du Saint Viatique.

La raifon principale & fondamentale, difent-ils, *fe tire de ce que les Curés font chargés par leur qualité de Pafteur de veiller à l'exécution du précepte de la Confeffion.*

Quelle pitié ! le Billet de Confeffion eſt-il donc le moyen, & le moyen unique de remplir à cet égard le devoir de Pafteur ?

Comment faifoient les Curés avant le Concile d'Arles de 1275, que ces Docteurs eux-mêmes regardent comme le premier où il foit parlé du Billet de Confeffion ?

Si avant ce tems-là pour s'aſſurer que les Fidéles n'avoient pas négligé de ſe confeſſer quand ils en avoient eu befoin, les Pafteurs s'en rapportoient à la déclaration des Malades qui demandoient le Viatique : s'ils s'en rapportoient au témoignage que rendoient des Amis qui les environnoient, & plus certainement à leur conduite avant & depuis la maladie : fi on jugeoit qu'un Malade qui a donné pendant qu'il étoit en fanté des marques de piété & de régularité & qui continue à les donner, étoit en état de recevoir les Sacremens lorfqu'il les demandoit, pourquoi ne pas ſe contenter aujourd'hui des mêmes preuves plus décifives fans doute de la difpofition fuffifante pour les Sacremens, qu'un fimple Billet qui au fond ne prouve pas beaucoup.

Les autres raifons ne méritent pas plus d'attention. Les Synodes, les Statuts, les Rituels, comme je l'ai remarqué, ne regardent fouvent que la Confeffion annuelle & le tems Pafcal, ils ne difent rien des Billets, ce n'eſt pas pour l'ordinaire aux Malades qu'ils en font une Loi, mais aux Confeſſeurs, & quand ils parlent des Malades, ce n'eſt que dans certains cas où il peuvent être raifonnablement fufpects de ne s'être pas confeſſé quoiqu'ils en euſſent befoin, & d'ailleurs plufieurs de ces Canons marquent expreſſément que bien d'autres moyens peuvent y fuppléer, ce qui conclut plutôt contre que pour la néceffité du Billet.

A l'égard des Billets de Confeffion demandés quelquefois ou aux Proteſtans qui ſe convertiſſent pour être mariés, ou à des Catholiques pour remplir certaines Charges dans l'Etat, & des Billets du Pénitencier pour des cas réfervés, tout cela eſt fi peu reſſemblant aux Billets de Confeffion exigés d'un Malade à la mort lorfqu'il dit qu'il s'eſt confeſſé ou qu'il n'a nul befoin de le faire, qu'il faut être bien dépourvu de preuves pour en employer de pareilles.

On peut douter raifonnablement de la fincérité d'une converfion qui n'a pour but que le Mariage, l'épreuve alors eſt auffi néceſſaire qu'elle eſt fans danger, parce que la Confeffion étant un des Points conteſtés par les Proteſtans, on peut préfumer de la fincérité de leur retour à l'Eglife Catholique s'ils ſe confeſſent ; encore faut-il que ce foit de bonne foi, par conviction, avec les difpofitions néceſſaires. Mais demanderoit-on un Billet de Confeffion d'un Proteſtant bien converti, & connu pour tel ? D'ailleurs n'y a-t-il pas plus d'inconvénient de refufer le Viatique à la mort, que de refufer pour un tems le Sacrement de Mariage à un Proteſtant, ou de refufer l'entrée dans une Charge à un Catholique ? Il n'y a aucune néceffité qu'un homme foit pourvû d'une Charge. C'eſt fouvent un témoignage de Catholicité qu'on demande pour entrer dans une Charge plutôt qu'un témoignage de confeffion ; & en combien d'occafions, la probité connue & le témoignage de vive voix tient-il lieu de Billet ? Pour les Billets du Pénitencier dans les cas réfervés, ils font néceſſaires au Confeſſeur pour la validité de l'abfolution, quand le Confeſſeur ne les a pas ; il n'y a aucun rifque à craindre du délai, ou s'il y en a, il eſt aifé de l'écarter ; au moins tout ſe paſſe alors dans le fecret entre le Confeſſeur & le Pénitent, le fcandale n'en eſt pas la fuf-

te. Mais le refus du Viatique est un mal pres-
que sans reméde & toujours accompagné
d'un scandale, que la Religion ne donne
droit à personne d'exciter, quelque éminente que soit la place qu'il occupe dans
l'Eglise.

Je conclus de ces observations, sur les
actes cités tant dans le Mémoire que j'ai
dit avoir été communiqué il y a quelques
années à plusieurs Théologiens, que dans
la Consultation des prétendus quarante
Docteurs, je conclus qu'il faut avoir re-
cours à d'autres moyens que ceux dont on
se sert dans l'une & l'autre Piéce, pour en
inférer la nécessité de présenter un Billet
de Confession pour les Malades qui demandent les Sacremens à la mort.

Ce sont des principes certains, des Loix
& des décisions connues & autorisées par
toute l'Eglise qu'il est absolument nécessaire de prendre pour régle.

Voici quelques-uns de ces principes aux-
quels il est d'autant plus étonnant qu'on ne
fasse aucune attention dans la Consultation des prétendus quarante Docteurs qu'on
vient de faire paroître, qu'on en a fait usage dans la Réponse au Mémoire dont j'ai
donné ci-dessus un Extrait, Réponse qui a
été remise aux Auteurs du Mémoire, & qui
ne peut avoir été inconnue à ceux qui ont
dressé la Consultation, si elle est en effet,
comme on le dit, l'Ouvrage de quarante
Docteurs de Paris.

Je rappelle d'autant plus volontiers ces
principes, qu'ils sont par eux-mêmes déci-
sifs, qu'ils n'ont pas besoin d'être prouvés
parce qu'ils sont connus, avoués & qu'ils
l'emporteront toujours au Jugement des
Sçavans comme des simples, sur quelques
Réglemens particuliers de petits Diocèses,
de Synodes, de Rituels souvent obscurs
hors de leur Ressort, y en eut-il quelqu'un
qui eut fait une Loi des Billets de Confession aux Mourans. Car l'équité demande
que ces sortes de Loix particulieres tou-

jours relatives & subordonnées aux Loix
générales & aux principes reçus universel-
lement s'entendent avec les réserves que
les Loix générales exigent ; toute Loi particuliére qui prétendroit les détruire ou
les affoiblir, ne pouvant être qu'abusive &
sans aucune autorité.

Premier principe. L'Eucharistie est pour
les Justes, *sancta sanctis*, c'est ce que disoit
le Diacre à haute voix dans l'ancienne Li-
turgie au milieu de la célébration de nos
Mystéres & ce que l'on suppose encore de
nos jours.

Second principe. Les fautes journaliéres
& vénielles sans lesquelles il est difficile de
passer un tems considérable dans la vie,
quelque amour qu'on ait pour Dieu & pour
sa Loi, n'empêchent pas qu'on ne soit juste.

Troisiéme principe. C'est aux Justes a
sonder eux-mêmes les replis de leur conscience, & à examiner s'ils ne sont coupables que de ces fautes qui échappent à la
foiblesse & qui ne détruisant pas la Justice,
n'empêchent pas de s'approcher avec fruit
de l'Eucharistie, quand on les déteste par
amour de tout son cœur & que l'on travaille à s'en corriger. *Probet autem si ip-
sum homo & sic de pane illo edat.*

Quatriéme principe. La Confession faite
au Prêtre, n'est pas le seul moyen d'obtenir la remission des fautes journaliéres &
seulement vénielles compatibles avec l'é-
tat de la justice Chrétienne. Il est constant
par tous les Ecrits des Peres, & une Tradi-
tion non interrompue qu'on en obtient le
pardon par la Priére, & sur-tout par l'O-
raison Dominicale, par les gémissemens du
cœur, par une foi vive, par des actes d'hu-
milité & de charité, par le jeûne, l'aumô-
ne & les autres œuvres des vertus de religion & de pénitence.

Cinquiéme principe. Il est décidé par le
Concile de Trente que quelque sainte &
utile que soit la pratique de se confesser au
Prêtre des fautes vénielles, elle n'est pas

d'obligation , & que le précepte de fe confeffer n'a d'application néceffaire qu'aux feuls péchés mortels , c'eft-à-dire, à ceux qui font perdre la grace fanctifiante.

Sixiéme principe. Tout Fidéle faifant profeffion de la Religion Catholique , & qui en remplit extérieurement les devoirs , fi fa confcience ne lui reproche aucune tranfgreffion mortelle , eft cenfé n'en avoir fait aucune , & doit être reputé tel felon les régles de la charité dès qu'on ne peut le convaincre par de bonnes raifons d'en avoir commis d'autres.

Septiéme principe. On ne refufe & on n'eft pas en droit de refufer publiquement l'Euchariftie à perfonne que pour des fautes certainement mortelles.

Huitiéme principe. Les fautes mortelles pour lefquelles on peut refufer en public les Sacremens doivent être fcandaleufes, accompagnées de coutumace, foumifes à cette peine par les Saints Canons , & dès là elles fuppofent que celui qu'on en accufe & qu'on punit comme les ayant commifes en a été convaincu juridiquement par un jugement qui prononce contre lui cette peine , fi ce n'eft qu'il s'en confeffe coupable.

Neuviéme principe. Le Jugement juridique qui porte la peine d'excommunication ou de privation publique de la fainte Euchariftie , doit être rendu par le Tribunal, qui a l'autorité de condamner à des peines extérieures , & nul Prêtre particulier qui n'exerce d'autorité dans l'Eglife qu'au Tribunal fecret de la confcience n'eft en droit de s'en attribuer le pouvoir.

Dixiéme principe. Où il n'y a point de Loi publiée qui porte certaine peine contre celui qui ne s'y foumet pas, il n'y a ni tranfgreffion, ni délit, ni peine à encourir.

Onziéme principe. La Loi particuliére d'un Diocèfe eft abufive & ne doit pas être exécutée lorfqu'elle eft contraire à l'ufage & à la Loi générale de toute l'Eglife.

Douziéme principe. L'exception qui reftreindroit une Loi générale de toute l'Eglife ne peut avoir lieu fi cette exception n'eft approuvée par toute l'Eglife.

Treiziéme principe. Quand il y auroit une Loi reçue généralement qui ordonneroit ou défendroit certaine chofe fous certaine peine , on ne pourroit fans fcandale faire fubir cette peine à aucun particulier qu'il ne fut conftant par une inftruction juridique que ce particulier mérite cette peine & qu'il n'a aucune excufe légitime.

Ces principes fuppofés , la queftion du refus public du Viatique pour le feul défaut de Billet de Confeffion fe trouve décidée fans qu'il foit befoin de difcuter cette multitude de citations dont on cherche à l'embatraffer dans le Mémoire préfenté il y a quelques années à un grand Magiftrat & refondu dans la Confultation attribuée à quarante Docteurs.

Rien n'eft plus à la portée des moins intelligens , que d'en tirer cette conféquence , que les Billets de Confeffion ne peuvent être néceffaires à tout Malade qui demande les Sacremens à la mort, qu'on ne peut fans bleffer les régles de l'équité & de la juftice en faire une Loi générale de rigueur. Car tous les Malades ne font certainement pas en péché mortel, & pécheurs publics, pécheurs publics à qui on ne puiffe accorder les Sacremens fans fcandale s'ils ne préfentent un Billet de Confeffion. Il en eft de juftes qui n'ont à fe reprocher que des fautes journaliéres compatibles avec la juftice Chrétienne , qui n'ont pas abfolument befoin de fe confeffer Sacramentellement pour recevoir l'Euchariftie avec fruit. Enfin perfonne ne dira que tous les Malades font pécheurs coutumaces & convaincus d'opiniâtreté par le refus de foumiffion à une Sentence prononcée juridiquement contre eux par un Juge compétent qui les a déclarés indignes de les recevoir. Il faudroit s'en tenir là , car c'eft avoir tout dit.

Mais

Mais puifqu'il s'agit de convaincre des Docteurs accoutumés à des argumens en forme , il ne fera peut-être pas hors de propos de s'en fervir ici , afin qu'ils en fentent la force dans des preuves ajuftées à leur maniere ordinaire de procéder, & que tout le monde connoiffe qu'ils n'ont rien à oppofer à des principes qui démontrent l'injuftice de l'exaction rigoureufe des Billets de Confeffion jufqu'à ofer priver un Malade en danger de mort des Sacremens qu'il demande , & qu'on n'a aucune autre raifon de lui refufer que le défaut de Billet.

PREMIERE DÉMONSTRATION.

De l'injuftice du refus de Sacrement à la mort pour le défaut de Billet de Confeffion.

L'EUCHARISTIE eft pour les juftes , c'eft le premier des principes ci-deffus. Or un Malade ne ceffe pas d'être jufte pour ne point préfenter un Billet de Confeffion.

Car il ne préfente point ce Billet, ou parce qu'il ne s'eft pas confeffé , n'ayant pas eu befoin de le faire , ou parce que le Confeffeur ne lui a pas donné de Billet de la Confeffion qu'il lui a faite , ou parce qu'ayant ce Billet , il a de bonnes raifons de ne le pas montrer , comme la crainte bien fondée d'expofer fon Confeffeur à quelque difgrace , ou parce que ce Confeffeur lui auroit défendu de montrer fon Billet de Confeffion. Or un Malade ne ceffe point d'être jufte pour ne point préfenter de Billet de Confeffion dans tous ces cas.

Car on ne ceffe pas d'être jufte pour ne pas faire ce qu'il eft impoffible de faire , ou qu'on a de bonnes raifons de ne pas faire.

Or dans tous ces cas le Malade eft dans l'impuiffance abfolue , ou a de bonnes raifons de ne pas préfenter de billet de Confeffion.

Donc un Malade ne ceffe pas d'être jufte pour ne pas préfenter un Billet de Confeffion.

Donc ce Malade qui ne préfente point de Billet de Confeffion ne peut être privé des Sacremens.

Donc la Loi qui enjoindroit de refufer les Sacremens à tout Malade qui ne préfente pas un Billet de Confeffion feroit manifeftement injufte. D'où il fuit que les Miniftres qui l'exécuteroient ou y applaudiroient feroient coupables. Car ce ne font pas feulement ceux qui font le mal qui font repréhenfibles , mais auffi ceux qui l'approuvent ou y contribuent felon Saint Paul *(a)* *digni funt morte non folum qui ea faciunt fed etiam qui confentiunt facientibus :* & on ne pourroit échapper à cette peine par la vue d'un prétendu bien , puifque le même Apôtre affure que ceux qui font le mal afin qu'il en arrive du bien font juftement condamnés , *quorum damnatio jufta eft (b)*.

SECONDE DÉMONSTRATION.

Les fautes venielles , par le fecond principe , ne détruifent pas la juftice : or parmi les malades qui demandent les Sacremens à la mort fans préfenter de billet de Confeffion, il y en a , ou il peut y en avoir , qui n'ayent que des fautes venielles : donc on ne peut refufer les Sacremens à la mort à tous les malades qui les demandent fans préfenter de billet de Confeffion : donc l'Ordonnance qui le prefcriroit , s'il y en avoit quelqu'une faite par un Supérieur particulier pour en impofer la Loi , feroit manifeftement injufte , contraire au droit des Fideles qui vivent dans la piété , & par cela feul abufive.

TROISIÉME DÉMONSTRATION.

Il eft prouvé par le troifiéme principe , que c'eft aux juftes à fonder les replis de

(a) *Rom.* 1. 32. (b) *Rom.* 3. 8.

leur conscience, & à juger s'ils ne sont coupables que de ces fautes qui échappant à la foiblesse humaine, ne détruisent pas la justice, & n'empêchent pas d'approcher de l'Eucharistie avec fruit, quand on a un desir sincere de s'en corriger, & qu'on y travaille. Or les malades qui, aux approches de la mort ne présentent pas de billet de Confession, peuvent, après avoir sondé sérieusement les replis de leur conscience, ne se reprocher que de ces fautes qui échappent à la foiblesse humaine, sans détruire la justice, & n'empêchent pas de recevoir l'Eucharistie avec fruit. Donc les malades qui ne présentent pas de billet de Confession peuvent être du nombre des Justes, qui n'ont besoin que du témoignage de leur conscience pour demander & recevoir les Sacremens. Et en effet, pourquoi les malades qui sont Justes ne jouiroient-ils pas du même privilege dont les Justes en santé sont en droit de jouir, & en possession paisible au vu & de l'approbation de toute l'Eglise? Or les Justes en santé sont en droit & en possession paisible de s'approcher de l'Eucharistie, sur le témoignage que leur rend leur conscience de n'avoir rien à se reprocher qui leur ait fait perdre la Justice, lors même qu'ils se reconnoissent coupables de negligence & de foiblesse, dont ils gémissent & travaillent à se corriger. Donc les malades peuvent comme eux sur le témoignage que leur rend leur propre conscience d'avoir, par la miséricorde de Dieu, conservé la Justice, approcher de l'Eucharistie, & il est injuste de les en priver sous prétexte qu'ils ne présentent pas un billet de Confession, comme il seroit injuste d'exiger ce billet de Confession de tout fidéle, chaque fois qu'il se présente à la Sainte Table dans nos Eglises pour y communier.

QUATRIÉME DÉMONSTRATION.

Obliger tous les malades à la mort de pré-senter un billet de Confession pour leur donner le Viatique, c'est supposer de deux choses l'une, ou que le malade est coupable de fautes mortelles, ou que les venielles ne sont effacées que par la Confession sacramentelle faite au Prêtre. Or, 1°. il est certain, par le quatriéme principe, que la Confession sacramentelle n'est pas le seul moyen d'effacer les fautes venielles. 2°. Prétendre que tout malade est coupable de faute mortelle, est une supposition fausse, téméraire, injurieuse à l'état de l'Eglise qui conserve, & ne peut cesser de conserver des Justes dans son sein, & sur tout parmi les malades à la mort. Donc on ne peut obliger tous les malades à la mort de présenter un billet de Confession pour recevoir le saint Viatique; & il faut s'en rapporter pour les malades qui demandent le Viatique, au témoignage de leur conscience, & n'obliger à se confesser que ceux qui en ont un vrai besoin, parce qu'ils sont coupables de quelque faute mortelle, comme l'a décidé le Concile de Trente.

CINQUIÉME DÉMONSTRATION.

Demander à tous les malades des billets de Confession pour leur administrer le Viatique, c'est faire entendre par sa conduite qu'on juge la Confession nécessaire même à ceux qui ne sont coupables que de fautes venielles, puisqu'il s'en trouve très-certainement parmi eux qui n'en ont pas commis de mortelles. Or, il n'est pas permis de faire entendre qu'on juge la Confession nécessaire même à ceux qui ne sont coupables que de fautes venielles, le Concile de Trente, par le cinquiéme principe, posé ci-dessus, ayant décidé que *quelqu'utile & sainte que soit la pratique de confesser au Prêtre les fautes venielles, elle n'est pas d'obligation, & que le précepte de la Confession n'a d'application nécessaire qu'aux seuls péchés mortels.* Donc ceux qui font un devoir des billets de Confession à tous les malades, & qui

:elent qu'ils le préfentent pour recevoir le Viatique , combattent tacitement au moins un point de Doctrine reçu unanimement par toute l'Eglife , & attaquent indirectement la Foi.

SIXIÉME DÉMONSTRATION.

Tout fidéle qui fait profeffion de la Religion Catholique , & qui en remplit extérieurement les devoirs, ne peut être accufé ni même foupçonné de tranfgreffion mortelle, encore moins puni comme tel par quelque Particulier que ce foit dans l'Eglife , & de quelque autorité qu'il y foit revêtu. Ce feroit lui faire injure & violer les régles les plus certaines de la charité & de l'équité naturelle : c'eſt le fixiéme principe pofé ci-deffus & avoué univerfellement. Or exiger indiftinctement des Fidéles qu'ils fe confeffent dans leurs maladies, qu'ils préfentent un billet de la Confeffion qu'ils ont faite lors même qu'ils ne croyent pas avoir befoin de fe confeffer , ou qu'ils n'ont pas le billet qu'on leur demande & leur refufer le Viatique, parce qu'ils ne préfentent pas ce billet, c'eſt les regarder comme coupables, ou au moins les fufpecter de quelque tranfgreffion mortelle, & les en punir, leur faire injure, leur impofer arbitrairement une peine qu'ils ne méritent pas : donc on ne peut exiger de tous les Fidéles malades en danger de mort, qu'ils préfentent un billet de Confeffion comme une difpofition préalable à l'adminiftration du faint Viatique, & ceux qui en font arbitrairement une néceffité leur font porter une peine non méritée, & violent tout enfemble les loix de la Juftice & de la charité.

SEPTIÉME DÉMONSTRATION.

On ne refufe , & on n'eſt en droit de refufer publiquement l'Euchariftie que pour une faute mortelle & publique. C'eſt le feptiéme principe. Or ne fe point confeffer quand on déclare, après s'être bien examiné, qu'on n'en a pas befoin, & ne pas montrer un billet de Confeffion, n'eſt pas une faute mortelle & publique : donc on ne doit pas refufer publiquement l'Euchariftie aux malades qui ne préfentent pas de billet de Confeffion.

HUITIÉME DÉMONSTRATION.

Les fautes mortelles pour lefquelles on peut refufer en public les Sacremens doivent être fcandaleufes, accompagnées de coutumace, & foumifes à cette peine par les Saints Canons. C'eſt le huitiéme principe ; & dès-là elles fuppofent que celui qu'on en accufe, ou qu'on punit comme les ayant commifes en a été convaincu par un jugement qui prononce contre lui cette peine , fi ce n'eſt qu'il s'en confeffe coupable. Or pour ne pas préfenter à la mort un billet de Confeffion, on n'eſt pas convaincu de péché public, fcandaleux , que les Canons puniffent de la privation des Sacremens & du Viatique : encore moins eſt-on convaincu par cela feul de coutumace. Il eſt même certain qu'on ne trouve aucun Canon de l'Eglife Univerfelle qui condamne à cette forte de peine ceux qui n'ont pas de billet à préfenter , & fouvent dans le fait il n'y a ni jugement ni inftruction faite contre celui qui ne préfente pas de billet ; & bien loin que celui à qui on refufe le Viatique fe reconnoiffe coupable d'aucune faute qui mérite cette peine, il reclame hautement fon innocence & l'autorité des Loix. Donc on ne peut refufer indiftinctement les Sacremens à ceux qui n'ont pas de billet de Confeffion.

NEUVIÉME DÉMONSTRATION.

Le Jugement juridique qui porte la peine d'excommunication ou de privation publique de l'Euchariftie, doit être rendu par le

Tribunal qui a l'autorité de condamner à des peines extérieures. C'est le neuviéme principe. Or de tous les malades à qui on refuse impitoyablement le Viatique, il n'y en a pas un seul qui ait été déclaré mériter cette peine par un Tribunal qui ait l'autorité de prononcer des peines extérieures; c'est un Curé sans jurifdiction au for extérieur; c'est un simple Prêtre qui sans formalité, sans aucune inftruction préalable, décide que le refus de préfenter un billet de Confeflion, que le malade n'a quelquefois pas, mérité la privation publique de l'Euchariftie, & qui l'en prive de fait sans aucun égard à fes remontrances & à celles de tous fes parens & amis qui l'environnent. Ce refus eft donc injufte à tout égard.

DIXIÉME DÉMONSTRATION.

Où il n'y a point de Loi publiée qui porte certaine peine contre celui qui la tranfgreffe, il n'y a ni tranfgreffion, ni délit, ni peine à encourir. C'eft le dixiéme principe. Or il n'y a dans l'Eglife aucune Loi généralement publiée, reçue, exécutée qui enjoigne à tout malade de préfenter un billet de Confeffion pour recevoir les Sacremens ; il n'y a aucune loi, même particuliere à quelque Diocèfe, qui ordonne de préfenter ce billet fous peine de privation des Sacremens.

Donc on ne peut refufer les Sacremens à un malade qui ne préfente point de billet de Confeffion.

ONZIÉME DÉMONSTRATION.

La Loi particuliére d'un Diocèfe eft abufive & ne doit point être exécutée lorfqu'elle eft contraire à l'ufage & à la Loi générale de toute l'Eglife. Onziéme principe. Or c'eft la Loi générale & publique de toute l'Eglife, que tout Fidéle qui demande le Saint Viatique à la mort n'en foit point privé, fuivant le Canon XIII du premier Concile de Nicée : *Lex antiqua fervabitur neceffario Viatico minime privetur.* Donc quand il y auroit une Loi particuliére de quelque Diocèfe qui prefcriroit le refus public des Sacremens pour défaut de billet de Confeffion, elle ne pourroit autorifer ce refus, ni juftifier ceux qui fe prêteroient à une fi étrange vexation.

DOUZIÉME DÉMONSTRATION.

L'exception qui reftreindroit une Loi générale de toute l'Eglife, ne peut avoir lieu dans aucun Diocèfe, fi cette exception n'eft approuvée par toute l'Eglife. Douziéme principe. Or la Loi qui exige un billet de Confeffion pour accorder le Viatique, eft une exception qui reftreint la Loi générale de toute l'Eglife, & cette exception n'eft point approuvée & reçue par toute l'Eglife.

Donc elle ne peut avoir lieu dans aucun Diocèfe ; quand même il s'en trouveroit quelqu'un où elle auroit été faite fous peine de privation des Sacremens : ce qui n'eft pas.

TREIZIÉME DÉMONSTRATION.

Quand même il y auroit une Loi bien conftante, & généralement reçue qui ordonneroit ou défendroit certaine chofe fous certaines peines publiques, par exemple, fous peine du refus public des Sacremens, on ne pourroit fans fcandale faire fubir cette peine à aucun particulier à moins que par une inftruction publique faite contre lui, il ne fut conftant que ce particulier mérite cette peine, eft dans le cas où la Loi enjoint de la lui faire porter: or un Curé eft incompétant pour cette inftruction publique.

Donc, en fuppofant même qu'il y eut quelque Ordonnance particuliére qui défendit de donner le Viatique à un malade qui ne préfenteroit pas un billet de Confeffion,

feffion, le Curé ne pourroit, fans fcandale, faire ce refus, s'il n'y étoit préalablement autorifé par une Sentence de l'Official, à qui appartient cette inftruction.

Eft-il néceffaire après des preuves fi multipliées & fi décifives, qui ne font que l'application de principes connus, avoués, pour la plûpart, & tous inconteftables, d'entrer dans la difcuffion des queftions & des textes que contient la Confultation que l'on donne fous le nom de quarante Docteurs de Paris ?

On fe contentera fans doute d'un petit nombre de réflexions, & de notes très-courtes, fur quelques-unes des citations que ces Docteurs ont faites pour appuyer leur réponfe aux fept queftions qu'ils fe propofent.

PREMIÉRE QUESTION.

LEUR réponfe à la premiere queftion eft *générale. Les Docteurs confultés eftiment qu'il y a un véritable précepte, & une obligation étroite pour tous les Fidéles de confeffer leurs péchés à un Prêtre, lorfqu'ils font en danger de mort.* La raifon qu'ils en donnent eft, que *les Fidéles craindroient de violer le refpect du au plus augufte de nos Sacremens, & s'expofer à le profaner, s'ils recevoient le Viatique fans s'être purifiés de leurs péchés par le Sacrement de Pénitence.*

Or qui font ceux qui violeroient, ou qui auroient une jufte raifon de craindre de violer le refpect du au plus augufte de nos Sacremens, & qui s'expoferoient à le profaner ? Ce ne font pas certainement les Fidéles attentifs à remplir les devoirs de leur état & de la Religion ; ce ne font pas ceux qui après s'être examinés férieufement fous les yeux de Dieu, ne trouvent pas qu'ils ayent, par un effet de la très-grande miféricorde, à fe reprocher d'autres inobfervations de la Loi qu'ils con-

noiffent & qu'ils aiment de tout leur cœur, que ce qu'on appelle des miferes & des foibleffes dont la vie la plus fainte n'eft jamais exempte & qui ne fe fentent coupables d'aucun péché mortel, comme il en refte au moins quelques-uns dans le monde, malgré la corruption générale & malheureufement dominante de nos jours, puifqu'il y a toujours des Saints & des Juftes. Les prétendus quarante Docteurs prouvent donc le général par le particulier, défaut effentiel dans le raifonnement. Autant vaudroit établir que tous les hommes font noirs, parce qu'il y a des pais où ils naiffent de cette couleur.

Il eft étonnant que quarante Docteurs qui ne doivent pas ignorer les premieres regles de la Logique, ayent ofé fe fonder fur un raifonnement fi défectueux, à moins qu'ils n'ayent crû qu'entre tous les hommes, il n'y en a pas un qui conferve la juftice, & qui puiffe croire avec vérité que Dieu lui a fait la grace de la conferver, & qui ne doive trouver dans l'examen férieux de fa confcience des fautes mortelles, dont il foit obligé de faire la déclaration à un Prêtre pour recouvrer la Juftice perdue, ce qui feroit une erreur intolerable, contraire à la doctrine de l'Eglife, qui croit qu'elle ne peut ceffer d'avoir des Juftes dans fon fein, & qui jetteroit tous les fidéles, quelque religieux qu'ils foient, dans un fi grand embarras, que leur confcience ne leur permettroit en aucun tems de s'approcher de la Sainte Table fans fe confeffer ; car pourquoi fe croiroient-ils plus Juftes en fanté que dans la derniere maladie, & fi quoique leur confcience à la mort ne leur reproche aucune faute mortelle, ils font obligés de fe confeffer pour communier, comment n'y feront-ils pas obligés en fanté, ou comment ne jouiront-ils pas étant malades de la même liberté qu'ils ont eu en fanté pendant toute leur vie ?

Les textes cités par ces Docteurs pour

furement par leurs œuvres que par leurs paroles , connoiffent-ils leurs œuvres autrement que par leurs paroles ? N'eft-ce pas à leur affirmation qu'ils s'en rapportent fur leurs jeûnes , leurs aumônes , leur réconciliation avec leurs ennemis ; & comment fçavent-ils qu'ils ont fait ces œuvres dans des fentimens de piété & de pénitence pour plaire à Dieu & fatisfaire à fa juftice, fi ce n'eft parce qu'ils les en affurent fans en avoir fouvent d'autre preuve que leur parole ? Où eft donc l'inconvénient qu'ils s'en rapportent à leur même parole, fur le befoin qu'ils peuvent avoir ou ne pas avoir de fe confeffer , felon le témoignage de leur confcience, par rapport aux fautes mortelles qu'ils ont ou n'ont pas commifes , pour fe confeffer , s'ils en font coupables , ou ne pas fe confeffer s'ils ne les ont pas commifes ? .

(a) C'eft pourquoi S. Thomas le grand maître des Théologiens n'a pas fait difficulté de dire qu'un Curé doit croire fon Paroiffien fur fa parole lorfqu'il dit qu'il s'eft confeffé. *Oportet quod ei credat.* Qu'il eft obligé d'y ajouter foi , *tenetur ei credere.* Benoît XI dit la même chofe dans la Décrétale *Inter cunctas de privilegiis extravag. Commun. Tit. 7. Stabitur fimplici verbo illius qui Sacramenta petit & dicit fe fratribus Confeffum.* On s'en tiendra à la fimple parole du Malade qui demande les Sacremens & dit qu'il s'eft confeffé.

SECONDE QUESTION.

[*Pag.* 5.] La Réponfe à la feconde Queftion ne fouffriroit pas de difficulté fi elle étoit faite avec fimplicité dans la feule vue d'éclaircir la vérité. *Les Docteurs eftiment que les Curés ont un droit inconteftable d'exiger des Malades des preuves certaines de leur confeffion à un Prêtre approuvé.*

Perfonne ne révoque en doute , comme

(a) *Quod I. art.* 12.

le dit le Concile d'Arles de 1275 , & comme toutes les autres autorités que l'on rapporte le fuppofent , que les Curés étant fpécialement chargés du foin des ames ils ne foient en droit d'exiger des Malades qui demandent le Viatique , des preuves de leur confeffion à un Prêtre approuvé quand ils ont été dans l'obligation de la faire à un autre que leur Curé ; mais les preuves qu'ils ont droit de leur demander peuvent-elles être d'une autre efpéce que celles de l'accufation qu'ils auroient faite des fautes dont ils fe font trouvés coupables au Tribunal de leur confcience ? Les Curés auroient été obligés de s'en rapporter à leur parole fur la nature , le nombre & la qualité de leurs fautes , & même fur les difpofitions intérieures de leur ame , de leurs fentimens de pénitence & d'amour de Dieu, comme on vient de le dire , & on ne fçauroit trop le répéter , pourquoi ne s'en tiendront-ils pas à leur parole quand ils difent qu'ils fe font confeffés.

Je viens de faire voir que les plus grands Maîtres en Théologie comme S. Thomas , des Souverains Pontifes comme Benoît XI n'en ont pas demandé davantage , & qu'ils ont même dit qu'un Curé eft obligé de les en croire.

Cependant les quarante difent que ce feroit s'abufer étrangement que de prétendre que M. le Cardinal de Noailles dans fon Rituel qu'ils citent *a impofé au Curé l'obligation de s'en rapporter abfolument fur ce point à la déclaration des Malades* , quoiqu'il foit évident qu'il le fuppofe ; mais comme ils l'ont bien fenti apparemment, ils ajoutent ce que ce Rituel n'ajoute pas, que *ce feroit s'abufer étrangement que de prétendre qu'il impofe au Curé l'obligation de s'en rapporter à la déclaration du Malade* . LORS MESME QU'IL A UN MOTIF LÉGITIME *d'en f foecter la fincérité.*

C'eft changer comme l'on voit l'état de la Queftion , l'embarraffer de circonftances
étrangeres

étrangeres & de générale qu'on l'a faite d'abord & qu'elle doit être , en faire une particuliére. Car si ces quarante Docteurs restraignent le refus que peut faire un Curé de s'en rapporter à la déclaration des Malades , s'ils le restraignent , dis-je , à ceux de qui ils ont un motif *légitime de suspecter la sincérité* & la candeur , ils ne prétendent donc plus que tous les Fidéles sont obligés sans distinction de donner des preuves de leur confession différentes de leur déclaration verbale. Car tous les Fidéles ne seront pas à leurs yeux légitimement suspects de défaut de sincérité. Il s'en trouve sans doute au moins quelques-uns dont la probité & la droiture connues écartent un tel soupçon sur-tout à la mort où ils sont sur le point de paroître devant Dieu , & dès là leur réponse à la seconde Question ne s'accorde plus avec la réponse à la premiere , qui comprend tous les Fidéles sans exception & sans distinction.

Il n'en faut pas davantage sur cette seconde Question , & en on sentira le foible de la réponse de nos Docteurs quand on fera attention que toutes les autorités dont ils se parent , un Synode de Nismes en 1284 , de Vicence en 1583 , de Casino en 1592 , d'Anvers en 1610 , de Bordeaux en 1624 , & les autres ne peuvent faire une Loi générale pour toute l'étendue de l'Eglise , & qu'elles ne sont nullement comparables au Concile de Trente qui n'impose la nécessité de se confesser au Prêtre que quand on se sent coupable de péché mortel , & qui décide nettement que tous les autres péchés peuvent être effacés par des exercices de piété distingués de la Confession quelque utile qu'elle puisse être d'ailleurs pour les fautes seulement vénielles.

TROISIÉME QUESTION.

(a) Sur la réponse à la troisiéme Question

(a) Pag. 8.

conçue en ces termes : *l'usage des Billets de Confession est ancien* , j'observerai seulement qu'il ne s'agit pas de sçavoir si l'usage des Billets de Confession est ancien dans quelques Eglises , mais s'il est général & tient lieu de Loi par tout.

Les quarante Docteurs rapportent un Concile de Narbonne en 1227 , & un autre de Beziers en 1246 qui ordonnent aux Prêtres qui ont entendu les Confessions d'écrire le nom de leurs Pénitens afin de pouvoir rendre témoignage qu'ils les ont confessé. Ils n'ont pas pris garde qu'il s'agit dans l'un & l'autre Concile de pécheurs publics , de parjures , de faux témoins excommuniés & publiquement dénoncés *qui cumque in trangressione juramenti manifeste deprehensus fuerit*. Et comment en effet , s'il s'agissoit de crimes cachés pourroit-on concilier avec la Loi inviolable du secret de la Confession le bon témoignage que ces Conciles veulent que les Confesseurs puissent rendre de ceux qu'ils ont confessé ? D'ailleurs cette liste écrite par les Confesseurs des noms de ceux qui se sont adressés à eux est-elle la même chose qu'un Billet de Confession exigé des Malades par un Curé sous peine de refus des Sacremens à la mort ? Cette pratique introduite par ces Conciles peut y avoir donné lieu insensiblement dans la suite , mais il ne faut qu'une légere attention pour en voir la différence. Après tout le Concile de Narbonne , ni celui de Beziers ne parlent des Malades.

Les mêmes observations ont leur application au Synode de Paris sous l'Archevêque Guillaume vers l'an 1230 , & l'usage de porter au Synode du Diocèse les noms de ceux qui se sont confessés pendant l'année n'a pas été observé depuis & ne l'est pas encore dans Paris.

Le Synode de Worcester en 1240 , ne parle que des Clercs & d'un témoignage de vive voix , on a tort d'en faire l'application à tous les Fidéles ou à ceux qui demandent le Viatique dont il n'a fait aucune mention. On s'en feroit apperçu si au lieu de s'en rapporter à l'Extrait de M. Gibert, on s'étoit donné la peine de lire le Concile même, soit dans la collection du P. Labbe, soit dans celle des Conciles d'Angleterre.

Il en est à peu près de même du Synode d'Arles de 1275, comme je l'ai déja observé : ceux de Vicence & de Casino en Italie se contentent d'une simple visite d'honneteté au Curé de la part des Prêtres appellés pour confesser les Malades, sans parler d'un Billet de Confession & sans en faire une Loi aux Malades sous peine d'être privés du Viatique.

Je ne vois rien de plus dans celui d'Anvers de 1610, & de Bourdeaux en 1624, (*a*) c'est toujours aux Confesseurs & jamais aux Malades qu'il est enjoint de certifier le Curé qu'ils ont entendu la confession, & encore n'importe-t'il pas que ce soit par un Billet ou autrement, *scripto aut aliter, verbo vel scripto ;* nulle menace aux Malades s'ils ne le font pas, bien moins encore le refus impitoyable & barbare de leur administrer le Sacrement sans lequel la charité Chrétienne ne laisse sortir personne de ce monde.

Il seroit inutile de s'arrêter à cette foule de citations qui suivent & qui n'en disent pas davantage pour la plupart. J'observe seulement par rapport au Concile de Milan sous S. Charles qui mérite plus de considération, que ce grand Archevêque a travaillé plus que personne à faire respecter le Concile de Trente qui n'oblige pas à se confesser ceux qui n'ont fait aucun péché mortel, & décide que les véniels peuvent être effacés par d'autres moyens, & que la confession au Prêtre en est seulement louable & utile. Car de cette unique observation on est en droit de con-

clurre que tout ce qui peut y avoir dans ses Conciles en faveur de certaines pratiques qu'il auroit cru propres à faire exécuter le Décret de la Confession, ne peut avoir de juste application qu'à ceux qui sont coupables de ces fautes griéves ausquelles ce reméde est nécessaire selon le Concile : & d'ailleurs voudroit-on qu'on ne donnât la Communion à Pâques qu'à ceux qui sont porteurs d'un Billet de Confession, que ce Billet eût été visé par les Inquisiteurs, qu'il fut conçu en des termes qui marquassent, non-seulement que le Confesseur a entendu les péchés de celui qui le présente, mais aussi qu'il lui en a donné l'absolution, car c'est ce que signifient ces paroles de la forme du Certificat que le Confesseur doit donner *Pœnitentiæ Sacramentum Ministravi.*

Toutes ces pratiques & bien d'autres pouvoient être utiles & convenables au tems de S. Charles à cause des Protestans dans la Province de Milan ; mais ce seroit se tromper de prétendre que le S. Archevêque en eût voulu faire une Loi pour toujours, je ne dis pas par tout ailleurs où sa Jurisdiction ne s'étendoit pas, mais dans Milan même, ou induire par son exemple d'autres Evêques à l'établir sans égard aux circonstances & malgré les troubles & la division qu'elles pourroient exciter, comme nous avons la douleur de le voir de nos jours.

Ainsi c'est une étrange méprise dans quarante Docteurs de s'imaginer que parce que le Clergé de France a fait imprimer les Instructions de ce grand Archevêque & que M. le Cardinal de Noailles les a adoptées par un Mandement en 1702. Cette Eminence & le Clergé ont voulu faire une Loi de rigueur de tous les usages dont elles parlent, & exiger des Malades un Billet de Confession qui eut son application à ceux mêmes qui n'ont à se reprocher aucune faute considérable, & dont la vie est un témoignage décisif de leur amour persé-

<hr>

(*a*) *Pag. 6, pag.* 10.

vérant pour Jefus-Chrift, jufqu'à leur refufer cruellement le S. Viatique à la mort,
comme fi le but effentiel de ces admirables
Inftructions n'étoit pas plutôt, comme le
dit le Mandement de M. de Noailles, d'ap-
prendre aux Confeffeurs que fi les *difpenfa-
teurs de nos Myftéres, ont le pouvoir de remettre & de retenir les péchés, il ne leur eft
pas permis de retenir par dureté ce qu'ils doivent remettre, ni de remettre par ignorance
ou par foibleffe ce qu'ils doivent retenir, &
qu'ils font injuftes s'ils refufent la paix aux
ames qui la méritent, comme ils font préva-
ricateurs s'ils l'accordent à celles qui en font
indignes.*

C'eft là ce que M. le Cardinal de Noailles avoit en vue en publiant les Inftructions de Saint Charles, c'eft à cet unique
égard qu'il défend *aux Confeffeurs de s'é-
carter de ces faintes régles*, & qu'il leur
déclare qu'il ne leur commet le pouvoir
d'adminiftrer les Sacremens qu'à condition
qu'ils le feront felon *ces régles.*

Il eft faux & contre la notoriété publique que ce grand Cardinal ait fait obferver avec exactitude fous fon Epifcopat la
pratique des Billets de Confeffion; il y a
encore des Miniftres qui peuvent rendre témoignage que fi on en a demandé en quelques occafions rares par rapport à des hommes inconnus, lorfque l'utilité en étoit
marquée, il n'y en a pas eu de Loi, & qu'il
n'en a jamais été queftion pour ceux dont
la vie reguliére & chrétienne rendoit témoignage à leur piété, qu'on s'eft toujours
contenté de ce que prefcrit fon Rituel, de
demander au Malade *s'il s'eft bien confeffé*,
fans aller au-delà, & qu'on n'a refufé le Viatique fous ce feul prétexte à qui que ce
foit.

QUATRIÉME QUESTION.

Les Docteurs donnent une étrange idée
de leur Judiciaire, quand ils prétendent fur
la quatriéme, Queftion que *les Loix du*

*Royaume, la Difcipline & la Jurifprudence
des Tribunaux Séculiers, & la décifion des
Auteurs François [Pag. 14.]* autorifent les
Curés à refufer les Sacremens à la mort à
tous les Malades qui ne préfentent pas un
Billet de Confeffion. On en fera perfuadé
en donnant la plus légere attention aux raifons fur lefquelles ils établiffent cette pré-
tendue Jurifprudence. Ils citent des Dé-
clarations du Roi qui *défendent aux Médecins de vifiter les Malades le troifiéme jour
s'il ne leur apparoît par un Certificat figné
du Confeffeur qu'ils ont été confeffés.* Ils
ajoutent qu'on ne reçoit perfonne à *l'Office
d'Avocat au Confeil du Roi qui n'ait préfenté un Billet de Confeffion*, que l'ufage de
*la Chambre des Comptes de Paris eft le même,
qu'il y a lieu de croire que ce même ufage eft
prefcrit dans toutes les Compagnies & les Tribunaux du Royaume.* Enfin, ils prétendent
s'autorifer du fuffrage de quelques Cano-
niftes & Jurifconfultes de France, & même
de quelques Théologiens qui parlent des
Billets pour le tems de Pâques quand leurs
Paroiffiens ne fe font pas confeffés à eux
ou à quelqu'un de leur autorité.

Mais 1°. pour ce qui regarde les Décla-
rations qui défendent aux Médecins de vifiter les Malades, quelqu'un ignore-t'il
qu'elles n'ont jamais été regardées comme
une Loi de rigueur, que les Médecins fuf-
fent tenus d'obferver, que les Médecins
eux-mêmes (nos Docteurs en conviennent) ne les ont jamais regardées fur ce
pied-là, & qu'en effet ils ne les obfervent
pas au vû & au fçû des Légiflateurs, qu'ils
ne pourroient même les obferver fans aller de front contre ce que la nature prefcrit à tous les hommes de fe prêter les fecours mutuels qu'ils font en état de fe rendre?

2°. Quel rapport peut-il y avoir entre le
refus de vifiter un Malade pour le foulager
dans les befoins du corps, ou le délai d'inf-
taller un Récipiendaire dans une Charge

de Judicature, & le refus du Viatique à un Mourant ? Concluera-t'on avec quelque raison que parce qu'on femble & qu'on eſt même autoriſé à refuſer à un Malade une viſite dont il peut abſolument ſe paſſer, parce qu'il eſt poſſible d'y ſuppléer, ou qu'on peut reculer pour quelque tems la priſe de poſſeſſion d'une Charge dont la privation ne change rien ou preſque rien à l'état de celui qui déſire d'en être pourvû, concluera-t'on, dis-je, qu'on ſera en droit au Tribunal du Souverain Juge de tous les hommes de fruſter impitoyablement de vrais fidéles d'un ſecours unique dont la privation intéreſſe leur ſalut éternel & peut y mettre un obſtacle irréparable ?

3°. Eſt-il bien certain qu'on ne reçoive perſonne à l'Office d'Avocat au Conſeil qu'il n'ait préſenté un Billet de Confeſſion, que l'uſage de la Chambre des Comptes de Paris eſt le même ? N'y a-t-il pas tous les jours des exemples contraires ? Et ſi pour ce qui eſt des autres Compagnies & des différens Tribunaux du Royaume, *il y a* ſeulement *lieu de croire*, comme nos quarante Docteurs parlent, *que cet uſage y eſt preſcrit*, ils conviennent donc qu'ils n'en ont pas de certitude, que ce n'eſt à leur égard qu'une pure conjecture ſans preuve poſitive ; & comment oſent-ils ſur une ſimple vraiſemblance fonder la pratique toute différente & tout autrement importante du refus du ſecours le plus néceſſaire dans la vie au riſque du ſalut de ceux à qui ils oſent le refuſer ?

4°. Les Canoniſtes & les Théologiens dont ils appuyent leur réponſe, Meſſieurs Gibert & Duperray, Meſſieurs Fromageau & de S. Beuve, ne parlent pas du Viatique, mais de la Confeſſion Paſcale ou annuelle, ce qui eſt tout différent comme je l'ai déja fait obſerver, & ſans conſéquence de l'un à l'autre.

D'ailleurs nos Docteurs ont-ils pû ne pas s'appercevoir que M. Fromageau dans la page même qu'ils citent comme leur étant favorable, dit tout le contraire de ce qu'ils prétendent, ſçavoir que ſi un Paroiſſien ſe préſente à Pâques pour recevoir l'Euchariſtie ſans Billet de Confeſſion, *le Curé doit la lui adminiſtrer*, & qu'il rapporte à cette occaſion ces paroles déciſives de Saint Thomas (a), *ſi in manifeſto petit dabet ei dare, quia eſſet ſcandalum ſi denegaretur.*

Je dis paroles déciſives contre le ſentiment de nos quarante, parce que tout le monde ſçait qu'il n'y a point de demande de Sacremens plus publique & avec plus d'éclat que celle qui ſe fait par un Malade, chez qui l'on vient, où l'on ſouhaite que l'on vienne pour les lui donner avec l'appareil ordinaire du Viatique. Car ce ſeroit en vain qu'on obſerveroit que S. Thomas dans le même endroit, ajoûte que le Curé pourroit refuſer les Sacremens à celui dont le crime ſeroit public. Selon nos maximes, il n'y a point de notorité publique qu'en conſéquence d'une Sentence déclaratoire, on peut lire ſur cela un Ouvrage qui a reçu depuis peu de grands éloges. *Apologie des Tribunaux Séculiers*, & en particulier M. de Sainte-Beuve (b) qui le dit en termes précſ, ce qui ſuffit pour faire voir que nos Docteurs ſe ſont bien mépris en le citant pour leur avis.

A l'égard de Meſſieurs Duperray & Gibert, comme les Docteurs renvoyent dans leur Conſultation à celle de pluſieurs Canoniſtes & Avocats ſur la compétence des Juges Royaux, ils ne trouvèront pas mauvais qu'on leur diſe de lire celle que d'autres Avocats & Juriſconſultes de Paris oppoſerent à celle là dans le même tems, ils y verront quel cas il faut faire tant de

_____

(a) 14 *Diſt. q. a.* 5.

(b) *Tome premier in-*8°. *Caſ.* 168. *p.* 180. *&c.*

M.

M. Duperray que de M. Gibert. Ce n'eſt pas qu'il faille leur accorder que M. Gibert autoriſe la pratique d'exiger indifféremment de tout le monde des Billets, je ne dis pas pour la Communion en Viatique dont il ne dit pas un mot à l'endroit qu'ils citent, mais même pour la Communion & la Confeſſion Paſcale. (a) Car ſi ce Canoniſte après avoir rapporté aſſez confuſément à ſon ordinaire quelques anciens Canons qui font mention des témoignages rendus de la Confeſſion faite à un autre Prêtre que le Curé, ajoute qu'on les obſerve encore aujourd'hui en pluſieurs endroits, c'eſt à la ſuite de ceux où l'on parle de pécheurs impénitens qui ne ſe confeſſent jamais, & qui ſous prétexte d'une permiſſion demandée ſont ſuſpects de n'en faire aucune, comme le dit le Concile d'Exceſtre, *ne tali velamine nemini confitendo pœnitentiæ diffugiat Sacramentum*, & celui de Cologne, *ſi non factæ Confeſſionis ſuſpectus habeatur.*

D'ailleurs nous avons dans ſes Conſultations (b) Canoniques ſur les Sacremens une réſolution faite exprès pour prouver qu'*un Curé ne peut refuſer les Sacremens à un nouveau Paroiſſien ſur le fondement* qu'il n'a point d'atteſtation DE VITA ET MORIBUS *du Curé de la derniere Paroiſſe d'où il eſt venu dans la ſienne*, & qu'il ne le peut *non-ſeulement par l'amour de la juſtice*, [*Pag.* 76.] *mais auſſi par la crainte que de nouveaux Paroiſſiens ne le fiſſent aſſigner devant l'Official, ou même par devant le Magiſtrat à cauſe du ſcandale public qu'il cauſeroit par ſon refus.* Car ſi ſelon ce Canoniſte, un Curé ne peut refuſer les Sacremens pour le ſeul défaut d'atteſtation de vie & mœurs ſans cauſer du *ſcandale*, ſans violer *la juſtice* & s'expoſer à être appellé au Tribunal des Juges Eccléſiaſtiques & Civils, pourra-t'il les refuſer à la mort à ceux dont la vie

irréprochable & édifiante n'a pas permis de les refuſer tant qu'ils ont joui de la ſanté, & fonder ſon refus ſur le ſeul défaut du Billet de Confeſſion qu'ils n'ont pas ſans qu'il y ait peut être de leur faute, & dont ils n'ont nul beſoin pour juſtifier de la régularité de leur conduite ſuffiſamment connue & édifiante?

De plus ce que dit ce Canoniſte dans la douziéme Conſultation, quoique très-obſcure & embarraſſée, eſt ſi évidemment contraire à un refus ſi bizarre qu'on a peine à comprendre que des Docteurs ayent oſé s'appuyer de ſon autorité. S'il convient qu'on peut en certains cas rares refuſer les Sacremens à des pécheurs publics, il ne parle que de ceux dont la publicité du crime ne peut être révoquée en doute, & il en diſtingue de deux ſortes, celle du crime même & celle du fait du crime commis. Car qui s'aviſera de dire que le ſeul refus de préſenter un Billet de Confeſſion qu'un Malade mourant n'a pas, parce que ſon Confeſſeur ne lui en a pas donné, ou parce qu'il ne s'eſt pas confeſſé depuis peu n'en ayant pas eu beſoin, peut-être mis au rang des crimes qui ont ſeulement l'une ou l'autre de ces deux publicités, tandis qu'il eſt de notoriété que ce même refus ne met pas le plus léger obſtacle à la participation des Sacremens en d'autres endroits & ſouvent dans le même Diocèſe & dans la même Paroiſſe? Enfin ces quarante Docteurs ont-ils été ſi peu au fait de ce qui regarde M. Gibert dont ils veulent ſe parer, qu'ils ayent ignoré qu'il étoit lui-même du nombre des Appellans de la fameuſe Bulle qui ſert de prétexte ſecret à la demande que l'on fait des Billets? Ils pouvoient conſulter les Liſtes imprimées des Appellans, ils y auroient vu ſon nom juſques dans les ré-appels & dans les adhéſions à un des célébres Prélats qui en ont pris la défenſe & il a perſévéré dans ces ſentimens juſqu'à la mort.

(a) *Corp. Juriſ. Canon. Tom.* 3. *p.* 254.
(b) *Tom.* 1. *Conſul.* 7. *p.* 69.

Je n'ajoute rien fur M. Capon, car n'eſt-il pas ridicule de le citer comme favorable au refus du Viatique aux Malades, parce qu'il a approuvé en qualité d'Avocat les Conférences de Paris fur le Mariage, qui difent que le Curé doit être certain de la Confeſſion de fes Paroiſſiens qui fe marient, & en exiger le Certificat pour tenir la main à l'obſervation des Statuts du Dio-cèfe de Paris qui le prefcrivent, tandis qu'il eſt impoſſible d'en montrer aucun du mê-me Diocèfe qui en parle pour l'adminiſtra-tion du Viatique aux Malades; ce qui ne prouveroit encore rien quand on pourroit en montrer quelqu'un, n'y ayant aucune conféquence du Mariage qu'on peut diffé-rer au Viatique dont le Malade a befoin au moment même où il fe trouve.

CINQUIÉME QUESTION.

Sur la cinquiéme Queſtion, comme les quarante Docteurs [*Pag.* 17.] fe conten-tent de répondre que les Curés ont droit de refuler les Sacremens aux Malades qui ne fe foumettent pas à la Loi des Billets dans les Diocèfes *où elle eſt en vigueur lorf-que les Statuts ou les ordres exprès de l'Evê-que Diocèfain y autorifent le Curé :* il eſt inutile d'en parler par rapport à celui de Paris où on n'a vû juſqu'ici ni Statuts ni Ordres qui prefcrivent de donner un Billet fous une peine fi griéve. Car on ne regar-de comme Statuts & Ordres dans un Dio-cèfe que ceux qui font publics & homolo-gués dans les Tribunaux où on eſt en pof-feſſion d'examiner fi de prétendus Statuts ne renferment rien de contraire au bien & à la tranquillité publique, ou aux droits du Roi, & enfin qui ont été publiés dans tout le Diocèfe felon les ufages reçus.

Je ne crois pas cependant que dans les Diocèfes mêmes où la Loi des Billets fe-roit publiée & folemnellement autorifée par l'homologation la plus réguliére, on

pût accorder qu'il feroit au pouvoir du Cu-ré, & bien moins de tout autre Prêtre de refufer *publiquement* les Sacremens aux Ma-lades avant que le refus de préfenter le Billet par les Malades eût été auſſi juridi-quement conſtaté criminel dans les Mala-des qui ne le préfenteroient pas que la Loi feroit certaine.

Car 1°. en fuppofant la Juſtice de la Loi, d'un Evêque qui ordonneroit de montrer un Billet, les Malades pourroient n'être pas repréhenfibles de ne le pas préfenter, foit parce qu'ils ne l'auroient pas, le Con-feſſeur leur en ayant pas laiſſé, foit parce qu'ils auroient de grandes raifons de ne le pas montrer s'il l'avoit laiſſé.

2°. Parce que nous ne connoiſſons pas de notoriété de fait du crime commis fans Ju-gement rendu, & que pour punir publique-ment un coupable, il faut qu'il foit auſſi publiquement convaincu de l'avoir com-mis, qu'il eſt certain que la Loi qui le con-damne à fubir la peine de fa tranfgreſſion eſt publique, & qu'enfin un Curé n'a de Jurifdiction qu'au Tribunal fecret de la Pénitence, qu'il n'en a aucune au for ex-térieur, & que s'il ofe punir publiquement un coupable il va au-delà de fes pouvoirs, & devient dès là repréhenfible de l'exerci-ce extérieur d'une autorité qui ne convient qu'aux Juges établis par le Prince ou de fon confentement.

Mais il n'eſt pas poſſible de paſſer fous filence ce que les mêmes quarante Doc-teurs ajoutent, [*Pag.* 18.] que *la Confef-fion n'eſt pas moins néceſſaire à tous les Fidé-les pour la Communion que la réception d'un Ordre inférieur du Diaconat, par exemple, peut l'être aux Eccléſiaſtiques pour être pro-mus à la Prêtrife.*

Sont-ce des Docteurs qui avancent une Propofition fi étrange, quelque fens qu'on lui donne? Car fi la néceſſité eſt égale de part & d'autre, il faudra donc dire que comme aucun Eccléfiaſtique, quelle que foit la régularité de fa conduite ne peut être promû licitement (quelques-uns diroient validement) à la Prêtrife, s'il n'a reçu l'ordre du Diaconat : de même aucun Fidéle, fût-il d'une fainteté éminente & le modéle de tous les autres, ne peut recevoir fans crime le Corps de Jefus-Chrift s'il ne s'eft confeffé à un Prêtre, lors même que fa confcience ne lui reproche aucune faute, je ne dis pas mortelle, mais vénielle quoique légere, ce qui eft très-rare aujourd'hui ; & n'eft certainement pas impoffible, Dieu par fa bonté préfervant encore au moins pendant quelque-tems certaines ames privilégiées , fur-tout parmi ceux qu'il appelle au Sacerdoce des fautes les plus légeres commifes avec délibération. Avança-t'on jamais une propofition plus révoltante contre la vraie vertu, & plus expreffément contraire à la décifion du Concile de Trente ?

Cependant nos prétendus quarante Docteurs s'applaudiffant de la comparaifon, concluent leur réponfe à la cinquiéme Queftion par ces paroles [*Pag. 18.*] *: Y a-t'il lieu de s'étonner après cela que l'Eglife exige des Fidéles avant la Communion* (ils n'ajoutent pas des Malades à la mort, mais il faut le fuppléer, car c'eft de quoi il s'agit.) *Un certificat de Confeffion figné du Confeffeur, comme elle exige des Eccléfiaftiques un Certificat ou des Lettres de Diaconat fignées de l'Evêque qui a Ordonné avant de les admettre à la Prêtrife.* Ce qui étonne, c'eft que des hommes qui fe donnent pour Docteurs de Paris avancent une pareille abfurdité, fans être défavoués publiquement par tout le Corps de la Faculté, & que dans une Propofition de deux lignes, ils fuppofent une Loi de l'Eglife qui ne fe trouve nulle part, & qui dans fa généralité eft formellement condamnée par l'Eglife même, & qu'ils la fuppofent faite pour tous les Fidéles à la mort, & peut être dans

tout autre tems de la vie contre la notoriété de l'ufage. On doit cependant leur fçavoir quelque gré de ce qu'ils ne demandent pas que le Certificat de Confeffion figné du Curé foit fur du papier ou du parchemin timbré avec le fceau de l'Evêque, comme le doit être celui qui attefte l'Ordre de Diacre reçu pour être Prêtre ; mais que fçait-on s'ils ne l'entendent pas ainfi fans le dire ? Car de quoi ne font pas fufpeds des hommes auffi peu inftruits que ces prétendus Docteurs Confultans?

SIXIÉME QUESTION.

La réponfe à la fixiéme Queftion préfente une contradiction fi frappante, qu'on ne comprend pas comment quarante Docteurs de Paris ont pû ne pas s'en appercevoir. Ils veulent établir que *les troubles occafionnés par l'exaction des Billets de Confeffion,* c'eft ainfi qu'ils s'expriment, [*Pag. 18.*] *ne rendent point cet ufage abufif fuivant les Maximes du Royaume.*

Et cependant entre les fources de l'abus qu'ils rappellent eux-mêmes conformément à ces Maximes, après avoir parlé de *la contravention aux Saints Canons & Décrets reçus* & de quelques autres, *l'entreprife fur la Jurifdiction Séculiere.* Ils nomment en particulier [*Ibid.*] *le trouble de la tranquillité publique* & ce qui en eft une fuite néceffaire *la véxation des Sujets du Roi.*

Si ces prétendus Docteurs par défaut de lumiere ou de jufteffe de raifonnement, n'ont pas fenti que l'exaction des Billets de Confeffion eft une contravention, aux Saints Canons & Décrets reçus fuivant lefquels on n'oblige en rigueur à fe confeffer même à Pâques, & pour la Confeffion annuelle que ceux qui ont perdu la grace par des fautes mortelles, comment ont-ils pû au moment même qu'ils conviennent des *troubles occafionnés par l'exaction des Billets,* ne pas s'appercevoir de fon oppofition à la tranquillité publique ? Autant vaudroit ne pas diftinguer la lumiere d'avec les ténébres.

Mais les Billets , difent-ils , ne font pas *par eux-mêmes* la caufe de ces troubles , ils n'en font que le prétexte. Quel difcours ! N'eft-ce pas l'exaction des Billets qui allarme les Malades , qui les oblige d'implorer la protection des Loix dans les Tribunaux aufquels elle eft confiée , qui met en mouvement leurs amis, leurs parens ? n'eft-ce pas cette exaction qui fait qu'on leur refufe un bien néceffaire , fans lequel fouvent leur falut éternel eft expofé & dont ils font en poffeffion ? L'exaction des Billets en eft donc la caufe ?

En vain nos Docteurs prétendent rejetter ces troubles [*Pag.* 19.] fur *les clameurs des Janféniftes.* Le public qui conferve un refte de raifon ne fe paye pas de pareils propos. Les faits parlent , tout Paris , tout le Royaume n'eft pas Janfénifte , & c'eft par tout qu'on entend des cris , des gémiffemens & le fracas des procédures. On fçait qu'elle eft la caufe des fcandales arrivés à Paris dans les Paroiffes de Saint Etienne-du-Mont, de Saint Medard, de Saint Roch ; à Joigny Diocèfe de Sens, à Forcalquier Diocèfe de Sifteron, à Montpellier & en tant d'autres endroits. Le Roi lui-même s'en eft expliqué en caractérifant la conduite du fieur Boettin, & en s'engageant de pourvoir la Paroiffe d'un Sujet plus propre à y entretenir la paix, &c. Ce Curé l'a donc troublée, & c'eft par l'exaction des Billets de Confeffion qu'il l'a troublée. Ainfi il eft démontré que l'exaction des Billets eft la caufe des troubles dont l'Eglife & l'Etat font malheureufement agités aujourd'hui.

Que dire après cela à des prétendus Docteurs qui ofent comparer ce qui fe paffe fous nos yeux avec les mouvemens excités au quinziéme & feiziéme Siécles par la fureur des Proteftans, qui fans refpect pour nos Dogmes & pour la Difcipline la plus refpectable , mettoient les armes à la main des Sujets du Roi, renverfoient les Images , prophanoient les Reliques , aboliffoient nos Sacremens , & méritoient par une conduite fi manifeftement criminelle l'animadverfion des Magiftrats ouvertement déclarés aujourd'hui contre l'exaction injufte des Billets de Confeffion? Ce n'eft pas ici le lieu de faire fentir l'extrême différence que la paffion feule peut ne pas appercevoir. Paffons enfin à la derniere Queftion.

SEPTIÉME ET DERNIERE QUESTION.

[*Pag.* 21.] La feptiéme Queftion qui regarde à la bien prendre l'étendue de la Puiffance Séculiére fur ce qu'il y a d'extérieur dans la Religion, a été traitée dans de fi bons Ouvrages donnés depuis peu, qu'il fuffit d'y renvoyer les Auteurs de la Confultation. Qu'ils fe donnent la peine de lire l'excellente *Apologie des Jugemens rendus par les Tribunaux Séculiers en France, dans laquelle on prouve l'injuftice, l'irrégularité des refus de Sacremens & la compétence des Juges Laïques pour s'oppofer à tous les actes de Schifme* en 2 ou 3 vol. in-12. , &c. Un Ecrit du feu Pere de la Borde de l'Oratoire, & un autre fans nom d'Auteur fur la même matiére, celui qu'on attribue à M. Talon, & que nous devons à M. le Vayer ; & enfin les Remontrances dernieres qui ont paru fous le nom du premier Parlement du Royaume, ou celles des Parlemens de Normandie , de Languedoc, de Provence.

Les Docteurs prétendus y trouveront de quoi débrouiller leurs idées certainement très-confufes pour ne rien dire de plus, fur ce qui eft *matiére purement Eccléfiaftique & fpirituelle*, & ils y apprendront que fans contefter à l'Eglife une forte de Jurifdiction extérieure, puifque celle qu'elle a re-

que

que de Jesus-Christ s'exerce sur des hommes composés de corps & d'ame, ce qui embrasse nécessairement quelque chose d'extérieur, elle n'a cependant pas le glaive en main pour forcer les Rebelles à se soumettre à ses Loix & les mettre à exécution aux yeux des hommes, puisqu'elle ne condamne & ne peut condamner les Réfractaires injustes, ni à la mort ni à aucune peine extérieurement & publiquement afflictive si les Princes ne l'appuyent de leur autorité, & qu'elle se renferme toujours dans ce qui regarde la conscience en liant & déliant les pécheurs au Tribunal de Dieu, si ce n'est qu'on voulut dire aussi que les Princes qui condamnent à des peines extérieures, comme la prison, la mort, & autres, exercent en même-tems une puissance spirituelle, parce que les hommes qu'ils y condamnent ont une ame par laquelle ils sentent les maux que souffre le corps.

Les Evêques peuvent faire de nouvelles Loix pour le bon ordre de leurs Diocèses, punir les Réfractaires par les censures ; mais il appartient aux Princes de juger si le bon ordre du Diocèse toujours inséparable de celui de l'Eglise en général & du repos nécessaire à un Etat Chrétien, demande en effet qu'ils portent de telles Loix, & s'il convient que ces censures lancées contre ceux qui ne s'y soumettent pas ayent extérieurement leur exécution.

Que nos Docteurs ne concluent donc plus [*Pag.* 21.] que *les Evêques peuvent faire de l'usage des Billets une Loi rigoureuse dans les Diocèses ou ils n'est pas en vigueur*, qui soit mise en pratique *sans le concours de l'autorité Séculiére*, & qu'ils réduisent ce qui est dit dans quelque Synodes & Statuts particuliers, soit des Billets, soit de la Confession même au cas où la Confession est nécessaire de droit, sans préjudice de celui que la Puissance Séculiére aura toujours de veiller sur ces Ordonnances & Statuts, d'examiner s'ils ne sont . . .

les bornes prescrites par les Canons & Statuts de l'Eglise Universelle, & s'ils ne renferment rien qui puissent troubler la paix & la tranquillité des Etats confiés à leur autorité, dont ils sont par eux-mêmes les Gardiens d'Office & les Protecteurs, sans qu'aucun Evêque particulier puisse de son autorité privée aller au-delà de ce qui est prescrit par Jesus-Christ même pour le Dogme & par l'Eglise Universelle pour la Discipline.

Ne seroit-il pas en effet bien contraire à la paix & à la tranquillité publique, que chaque Evêque sans le concours des autres & des Princes Protecteurs des Loix reçues dans toute l'Eglise établit arbitrairement de nouvelles Loix, qu'on fût obligé de suivre à son gré au préjudice de la liberté accordée par Jesus-Christ même, par l'Eglise entiére à tous les Membres de son Corps ?

Que diroit-on d'un Evêque qui ne voudroit accorder le Viatique qu'à ceux qui auroient préalablement récité les Pseautier ou les Pseaumes de la Pénitence & fait d'autres exercices de piété quelques jours avant la maladie ou depuis qu'elle a commencé ? Quelques utiles que puissent être ces pratiques, tout le monde seroit révolté qu'un particulier en eût fait un moyen nécessaire & public pour jouir d'un bien que Jesus-Christ n'en a pas fait dépendre. Ce seroit bien pis si cet Evêque avoit nonseulement ordonné ces pratiques comme des moyens sans lesquels on ne pourroit jamais recevoir le Viatique, mais encore s'il osoit en demander un Certificat sans vouloir s'en rapporter au témoignage que lui en rendroit un Malade à qui il feroit l'injure de ne vouloir pas le croire au moment même qu'il va paroître au Tribunal du Souverain Juge.

C'est sur ces sortes de considérations que nos Docteurs auroient dû régler leur réponse aux sept articles de leur Consultation, ils l'au . . . . . fait sans doute (po . . .

quoi ne le préfumeroit-on pas) fi au lieu de ne donner leur attention qu'à ce qui pouvoit favorifer leurs préjugés , ils l'a-voient au moins partagée fur ce qui étoit propre à les détruire ou à les affoiblir. Car il eft étonnant que s'étant propofé de don-ner des Extraits de tout ce qui a rapport aux Billets de Confeffion dans les Conciles mêmes particuliers , les Rituels , les Syno-des , les Statuts de Dioccfes fouvent incon-nus , ils n'ayent fait aucune mention de ceux dont les Réglemens auroient au moins diminué la confiance avec laquelle ils par-lent pour établir l'erreur & fomenter le trouble , s'ils n'avoient pas fuffit pour les convaincre.

Je n'en rapporterai que quelques-uns qu'ils joindront s'il leur plaît à tous les au-tres motifs qu'on leur a préfenté dans cette réponfe.

Voici ce que l'on trouve dans le Ri-tuel de Metz dreffé par Monfieur de Cam-bout de Coiflin , imprimé en 1713.

En parlant de la néceffité de fe confeffer prefcrite fous peine d'excommunication par le Concile de Latran une fois au moins pendant l'année : ce Rituel la reftreint à ceux qui ont commis des fautes mortelles. [*Pag.* 143.] *Ecclefia femel in anno proprio Sacerdoti peccata confiteri præcepit in Con-cilio Lateranenfi quarto fubpœna excommuni-cationis quæ decreta eft adverfus eos qui pec-cato Lethali obftricti , femel faltem inanno non Confitentur ; qui enim nullius peccati mortalis rei funt , cum nullo modo teneantur confiteri nullam cenfuram poffunt incurrere.* Si ce Rituel parle du refus de la Commu-nion à ceux qui s'étant confeffés hors de la Paroiffe ne donneroient aucun Certificat de leur Confeffion , il excepte ceux dont la conduite eft extérieurement irréprocha-ble , [*Pag.* 145.] *nifi tales funt de quorum probitate dubitare non poffit.*

Le même Rituel compte fi peu fur le Billet de Confeffion pour affurer des dif-pofitions de la Communion, qu'il veut que le Confeffeur le donne à ceux mêmes qui feroient venus publiquement au Confeffio-nal dans le deffein de l'obtenir fans avoir envie de fe confeffer; [*Pag.* 150.] *& iis teftimonium debet concedere , fi publicè pe-tant , qui Confeffario dixiffent fe nolle Con-fiteri peccata fua fed folum modo accedere ut tale habeant teftimonium.*

Le Rituel de Bourges de M. de la Ro-chefoucault imprimé en 1746 , après avoir dit qu'on doit refufer la Communion aux pécheurs publics & fcandaleux jufqu'à ce qu'ils ayent renoncé à leurs crimes & ré-paré le fcandale qu'ils ont caufé , explique ce qu'il faut entendre par pécheurs publics & fcandaleux , au titre du Sacrement de l'Euchariftie.

» *On entend ici par pécheurs publics ,* les
» Excommuniés ou Interdits *dénoncés ,* les
» Hérétiques ou Schifmatiques *notoires ,*
» les perfonnes infâmes *par état ,* tels que
» font les Comédiens , les Farceurs ou Bat-
» teleurs , jufqu'à ce qu'ils ayent renoncé
» à cette Profeffion reprouvée , les Ufu-
» riers publics , les Concubinaires , les
» femmes débauchées & d'autres pécheurs
» dont le crime eft notoire PAR JUGEMENT.
» *C'eft de cette notoriété de droit qu'il faut*
» *entendre tous les autres endroits de ce Ri-*
» *tuel où il eft parlé de notoriété.*
» A l'égard des pécheurs dont le crime
» eft certain , quoiqu'il ne foit pas notoi-
» re , s'ils demandent la Communion en
» fecret & fans témoins , on ne doit pas
» les y admettre quand leur indignité eft
» connue autrement que par la Confeffion ,
» & lorfqu'on eft affuré qu'il n'en ont fait
» aucune pénitence.
» *Mais s'ils le demandent en public , il n'eft*
» *pas permis de la leur refufer. Tout ce qu'on*
» *peut faire pour empêcher un fi horrible fa-*
» *crilege , c'eft de les avertir auparavant en*
» *particulier de ne fe pas préfenter ,* les con-
» jurant de ne fe pas rendre coupables de la
» prophanation du Corps de Jefus-Chrift.

Le Rituel de Soiffons donné depuis peu par M. Filz-James , répete la même chofe que celui de Bourges & prefque en mêmes termes.

Il faut efpérer que les Rituels dont la Doctrine & la Difcipline fe trouve confor-mes à ce que difent nos meilleurs Théolo-giens entre lefquels ils peuvent voir après Saint Thomas M. Wuitaffe Henry de Saint Ignace , &c. reformeront les idées de nos prétendus Docteurs , & qu'après avoir fait attention à la réponfe que l'on donne à leur Confultation , ils demeureront convaincus qu'on ne peut refufer à la mort le S. Via-tique à perfonne pour le feul défaut du Bil-let de Confeffion , & qu'établir fous quel-que prétexte que ce foit qu'on fera doréna-vant obligé de le demander , & qu'on pourra refufer le Viatique à ceux qui ne le préfentent pas , ce feroit violer toutes les Loix Eccléfiaftique , Divine , Naturelle , qui le défendent , & fe rendre par-là cou-pables d'un crime énorme aux yeux de Dieu , à caufe de la grandeur des maux qu'une pareille Loi pourroit produire dans l'Eglife & dans l'Etat.

www.ingramcontent.com/pod-product-compliance
Ingram Content Group UK Ltd.
Pitfield, Milton Keynes, MK11 3LW, UK
UKHW031717170726
13836UKWH00001B/305